RECHERCHES SUR LA FILIATION

Guillaume, Alain

& Jean Chartier

Leur Généalogie de (1290 à 1900)

Par Francis PEROT

VANNES

IMPRIMERIE LAFOLYE

—

1900

RECHERCHES SUR LA FILIATION

DE

GUILLAUME, ALAIN & JEAN CHARTIER

RECHERCHES SUR LA FILIATION

DE

Guillaume, Alain

& Jean Chartier

Leur Généalogie de (1290 à 1900)

Par Francis PEROT

VANNES

IMPRIMERIE LAFOLYE

—

1900

RECHERCHES SUR LA FILIATION

DE

GUILLAUME, ALAIN ET JEAN CHARTIER

(Leur Généalogie de 1290 a 1900)

CHAPITRE I

Les Chartier

Il est peu de noms, parmi les illustrations de la France, qui aient autant excité la sagacité des savants que les Chartier ; nous donnerons, du reste, à la fin des pièces justificatives, un essai de bibliographie sur cette famille.

L'origine de cette famille est des plus humbles. Après s'être élevée au XIVe siècle, elle est rentrée dans une condition de simplicité qui fait un contraste frappant, surtout quand on se rappelle les trois frères Chartier ; mais aussi, dans cette dernière condition, fidèle à la tradition familiale, elle est restée ce qu'elle était à son origine, des plus honorables.

Notre but n'est point de retracer la biographie si souvent esquissée des Chartier : ils sont connus par les travaux des érudits, par Etienne Pasquier, qui compare Alain Chartier à l'ancien Sénèque romain ; faut-il citer les travaux de Moréri, du Bénédictin Chaudron, de G. Peignot, de Breton, les notices des Biographies de Weïs, de Feller, celles de la grande encyclopédie, etc. Nous avons voulu reprendre leur filiation perdue, et interrompue depuis le XVIIe siècle.

Le chanoine Hubert, du Chapitre d'Orléans, a laissé huit volumes manuscrits, gr. in-4° de 300 pages chacun environ, sous le titre de *Nobiliaire Orléanais* ; chaque famille y a son blason. Ce travail de bénédictin a une très grande importance ; commencé en 1664, il se termine en 1693.

A cette époque, le chanoine Hubert écrivait son *Nobiliaire* d'après les textes qu'il avait recueillis et ceux que pouvaient bien lui procurer les familles auxquelles il avait fait appel ; si d'un côté la critique semble échapper à ce prodigieux travail, d'un autre, il a dû l'établir avec désintéressement, car cet auteur, comme tant d'autres, n'a pas entrepris de faire ces huit volumes pour le plaisir de les écrire en termes fantaisistes, ou pour flatter l'amour-propre de certaines familles ; du reste, le fait même que le chanoine avait en sa possession ces textes, pour le rassemblement desquels il a dû passer une partie de sa vie, nous suffit, relativement, pour admettre non seulement sa bonne foi, mais encore pour en être convaincu ; à cette époque, avouons-le franchement, les titres et les blasons étaient moins courus que de nos jours.

Ce n'est qu'au mois de novembre 1696 que parut

l'édit royal qui obligeait à l'enregistrement des armoiries ; ce n'est qu'à partir de ce moment que
l'Armorial général de la France (1) a été établi ; l'on
conçoit sans peine que beaucoup de gens firent
parfois de grands efforts pour ne pas y être omis ;
tandis qu'il n'en a pas été ainsi pour le *Nobiliaire
Orléanais*, lequel, devant rester manuscrit, a été ré-
digé bien plus avec des documents que son auteur
avait rassemblés, plutôt que sous l'influence de
sollicitations jointes à une certaine complaisance,
et qui auraient dénaturé le caractère de vérité de
ce travail.

La généalogie des Chartier s'y trouve très com-
plète depuis les origines jusqu'au moment où elle a
été achevée (vers 1690). Elle est insérée dans le second volume et commence au folio 64 ; ce document n'est pas l'une des pages les moins intéres-
santes de ce nobiliaire, à cause de l'importance des
personnages qui la commencent, comme aussi de la
filiation ininterrompue de cette famille jusqu'en 1690.

Nous avons voulu borner ce travail en le res-
treignant à un simple énoncé sur les trois Chartier, à une simple généalogie terminée par un essai
de bibliographie, et une indication sur quelques familles alliées aux Chartier. Les grandes pages de
notre histoire nationale sont écrites, et, pour nous
qui sommes de la dernière heure, il ne nous reste
plus qu'à glaner !... Du reste, après les travaux qui
ont été publiés depuis le siècle dernier jusqu'à nos
jours, après le travail si substantiel de M. du
Fresne de Beaucourt (2), que restait-il à faire ?

(1) A la Bibliothèque Nationale.

(2) Les *Chartier*, recherches sur Guillaume, Alain et Jean
Chartier, Caen, typ. de Blanc-Hardel, éditeur, rue Froide,
nº 2, 1869, in-4º de 60 pp.

sinon à compléter cette longue filiation d'une famille qui subsiste encore.

Ce nom des Chartier est encore vivace, il évoque des souvenirs patriotiques, car après avoir été honorés par les rois, les reines et les savants du royaume, les Chartier ont honoré la France.

Cette noble lignée qui a fourni des secrétaires du roi, des évêques, des écrivains distingués, s'est ensuite largement divisée ; les rameaux affaiblis de la souche vigoureuse se sont lentement détachés du tronc ; l'une des branches, la plus importante du reste, est venue se fixer en Beauce, en Orléanais, et c'est précisément celle-ci dont nous allons donner la descendance sans aucune interruption, depuis l'un des derniers de ses membres qui terminent la généalogie donnée par le chanoine Hubert, jusqu'à nos jours.

C'est dans une famille de laboureurs de la Beauce, à laquelle nous sommes allié, que nous avons découvert, non point des terriers, des titres d'anoblissement, encore moins des actes de foi et hommage, car ces laboureurs, loin de tenir fiefs, ne possédaient que quelques *mines* de terre, quelques chétives masures comme l'on en retrouve encore dans ce pays, mais nous avons trouvé toute une série de contrats de vente et d'acquisition, des contrats de mariage, des partages, des inventaires, des sentences du sénéchal, religieusement conservés par Alain Chartier, laboureur, vers la fin du XVIe siècle, et dont le fonds d'archives a été augmenté par sa descendance.

Il fallait que ce simple laboureur fût au courant des origines de la famille à laquelle il appartenait, pour avoir ainsi conservé ce qui aurait paru si inutile à tant d'autres ; car, ordinairement, l'homme des champs, fût-il Beauceron ou Provençal, fait peu de cas de vieux parchemins et n'estime guère les anciens papiers. Mais notons, en passant, que la Beauce se ressent beaucoup du voisinage de Paris ; les gens y étaient tous lettrés bien qu'ils habitassent un petit hameau ; aussi l'instruction y paraît bien plus développée que dans le centre de la France ; tous les actes que nous possédons sont signés par les comparants, hommes ou femmes, ainsi que par les témoins requis, et cela sans exception.

La descendance des Chartier s'est produite par le côté maternel, puisque Guillaume et Jean n'ont pas laissé de postérité. Quant à Alain, le cas est plus discutable : on lui attribue un fils, mais plutôt par probabilité que par des preuves écrites.

Depuis le chanoine Hubert, les Alain Chartier se sont alliés aux François, aux Alain Chartier, aux Taffoureau de Boisseaux, canton d'Outarville (Loiret). Ces derniers ont fourni un évêque très distingué ; cette famille, quoique tombée en quenouille depuis la fin du siècle dernier, ne s'est éteinte, par le nom, qu'en 1880, dans la personne de Julie-Anastasie Taffoureau, née en 1800, décédée à Orléans le 22 avril 1880.

C'est avec un sentiment de piété filiale que nous nous sommes imposé la tâche de continuer l'œuvre du chanoine d'Orléans ; nous eussions souhaité que la fin fût digne du commencement ; pouvons-nous l'espérer ? le savant prêtre avait la science !... et si nous n'avons point cette qualité, nous avons toutefois la bonne volonté... et aussi l'honneur d'être allié à cette illustre famille !

Les trois Chartier qui figurent au commencement de la généalogie du chanoine Hubert, descendent de Jean Chartier, leur père, bourgeois de Bayeux, vivant en 1387, encore connu en 1404 ; il était fils d'un autre Jean qui figure déjà dans les actes de l'année 1313-1330 ; lui-même descendait de Guillaume, aussi bourgeois de Bayeux, lequel comptait parmi les notables de cette ville en 1309(1).

GUILLAUME CHARTIER

Né à Bayeux en 1394, conseiller au Parlement, évêque de Paris en 1447, chancelier de France (2), il y mourut le 1er novembre 1472. (Voir pièces justificatives, A). Il était le 98e évêque de Paris.

Il laissa un exemplaire original, de sa main, du fameux procès de réhabilitation de Jeanne d'Arc, encore conservé à la Bibliothèque nationale (3).

(1) Pluquet, *Hist. de Bayeux*, Caen, 1829, in-8°.

(2) Ils sont légion ces hommes intègres, que leur honorabilité, leur science, permit aux rois de France d'investir de cette haute dignité : les chanceliers de France !.. c'est à rougir de honte de compter les gardes des sceaux de notre temps ; nous n'osons les nommer dans la crainte de troubler le repos de ces grands hommes qui ont rempli cette fonction avec la dignité et l'honneur qu'elle comportait ! Qu'ils reposent en paix, les Pierre de Belleperche, les Aycelin de Montagut, deux noms chers au Bourbonnais, leur patrie ! les Chartier, Nogaret, Marigny, Sainte-Maure, Savoisy, Luxembourg, Rochefort, du Prat, *Montholon*, l'Hospital, Birague, Hurault de Cheverny, Caumartin, Aligre, Marillac, *Mathieu Molé*, Séguier et tant d'autres ! Ils n'ont rien à craindre ceux-là des jugements que l'on peut porter sur eux, car ils ont travaillé pour la France en y sacrifiant parfois et leurs familles et leur personne.

(3) Mss. N. D. 138. Ce précieux manuscrit a servi à Quicherat pour son édition du *Procès de Jeanne d'Arc*, tome V, p. 78 à 218.

ALAIN CHARTIER

Né à Bayeux en 1386. Secrétaire des rois Charles VI et Charles VII, fut envoyé en ambassade pour les affaires du royaume, et honoré d'un baiser de Marguerite d'Écosse, dauphine. (Pièces justificatives, B.)

Conseiller au Parlement, archidiacre de Paris, il donna une bonne histoire de Charles VII, mais il fut surtout le réformateur de la langue, il donna la forme et les règles de la littérature française.

Il mourut à Avignon en 1457 ou 1458 ; certains auteurs affirment qu'il ne mourut qu'en 1459. (Voir Pièces justificatives B) (1).

Mancel (2) dit qu'il laissa un fils du nom de Simon, et qu'il devint conseiller distingué au Parlement de Paris ; plusieurs auteurs affirment que les conseillers de ce Parlement, du nom de Chartier, appartenaient à une famille de ce nom fixée dans l'Orléanais et différente de celle de Guillaume et d'Alain (3).

Mais dans la généalogie manuscrite des Chartier aux Archives nationales (4), Simon Chartier y est désigné comme étant le fils de : *Alain Chartier, clerc, homme lay, vénérable, discret et saige.* Rien ne prouve jusque-là qu'il n'était pas marié,

---

(1) Sa statue figure sur une des places de Bayeux ; elle a été inaugurée le 17 juillet 1898.

(2) *Normands illustres.* p. 15.

(3) *Preuves et Observations sur les Mémoires de Commines. Edition de Bruxelles,* tome III, p. 28, 1706.

(4) Mss. fr. 5481, fol. 749.

car les ordres auxquels il semble appartenir n'étaient pas en opposition avec le mariage. Il pouvait être clerc, chanoine, et ne pas être ordonné prêtre. D'autre part, on le trouve ainsi désigné : *maistre Alain Chartier, en son vivant docteur en décret* (1). Rien ne prouve non plus qu'il se soit marié, et, tout au contraire, l'affirmative est en faveur de cette opinion.

Des doutes sérieux, établis sur quelques textes, porteraient à admettre que Jean n'était point le frère de Guillaume et d'Alain, contrairement à ce qui avait été dit jusqu'à présent. Ce qui a pu provoquer la confusion c'est que dans un texte (2), il est dit : *Les trois frères Chartier à sçavoir :* Guillaume, *Alain et Thomas.*

Quant à nous, et pour les raisons que nous en avons données, nous acceptons la généalogie du chanoine d'Orléans admise par tous les auteurs, lequel n'avait aucun intérêt à dissimuler la vérité.

JEAN CHARTIER

Le troisième fils de Jean, frère de Guillaume et d'Alain, né à Bayeux, moine de l'abbaye royale de Saint-Denis ; historiographe de France, il est l'auteur des *Grandes Chroniques de Saint-Denis*, réimprimées dans la collection des *Historiens de France*, par Dom Bouquet.

Chapelain du roi, il vivait en 1497. (Pièces justificatives, G).

(1) Mss. Saint-Victor, 394.
(2) Lettres patentes de Louis XI, aux Archives du château de Marainville.

CHAPITRE II

Généalogie des Chartier, originaires des environs d'Étampes, établis à Orléans, puis à Paris, par le chanoine Hubert dans ses *Généalogies Orléanaises*, composées de 1664 à 1693, tome II, p. 64, à la Bibliothèque municipale de la ville d'Orléans.

« Les Chartier portent : *D'argent, au tronc d'arbre au naturel, alaisé, posé en fasce, surmonté de deux perdrix au naturel, au rameau d'olivier à trois branches, en pointe.* »

« Ainsy qu'il se voit à l'église de Saint-André des Arcs à Paris, dans une chapelle au côté droit de l'Évangile.

« Cette famille est ancienne ; il y en a une aux environs d'Orléans, originaire de Beausse près Étampes (1), ainsi qu'il se voit par les emplois et les terres dont ils sont chargés en ce pays. Les premiers dont l'origine est incertaine. Environ en 1400, elle s'est beaucoup multipliée, partie est à Bayeux, partie à Vermaux, à Orléans, et Estempes, une autre est demeurée en Beausse.

« Cette famille considérable entre elle n'est pas considérée ny réputay noble. Non seulement Alain Chartier qui prit alliance avec Tiphaine Lemaire, fille à cet endroit d'Eudes Le Maire, chastelain et maire de Saint-Mard, illustre par le voïage qu'il entreprit à la Terre-Sainte ». La décharge d'un vœu qu'avait fait le Roy Philippes, de se transporter avec le même équipage au Saint Sépulchre de

---

(1) Boisseaux est à 21 kil. environ d'Étampes, autrefois châtellenie ressortissant de la sénéchaussée d'Orléans.

N. S. J. C. Mais les grandes familles qui sont sorty par les alliances qui ont été faictes dans la principale branche du nom de Chartier, finit à Mathieu, conseiller au Parlement (1), et qui n'a laissé que des filles ; de l'aisnée est sorty Mr. Bouguier, illustre au Parlement, Mr. d'Aoste, et Mr. Igrigny ; de cette même famille sont sortis par les femmes le sieur Colas de Marolles, Alléaume, fondateur de Saint-Aubin, et autres bonnes familles d'Orléans.

De cette famille est sorty Eudes Le Maire à qui le Roi Philippe, reconnoissant de son zèle, octroya grands privilèges qui passèrent à sa postérité, aux deux sexes.

I. — ALAIN CHARTIER, fiscalin du Roi Philippe, épousa Tephaine Lemaire, fille du châtelain d'Estempes.

II. — ROBERT CHARTIER, dont il est parlé au Cartulaire de Chartres en 1290, épousa Jacqueline d'Arnoul.

III. — JEAN CHARTIER vivait en 1290, fit son testament en faveur de Chartres, il fut père de :

IV. — JEAN CHARTIER II.

4. *Geoffroy*, seigneur de Boissy et le dict fondateur du collège de Boissy en 1356. (Voir Antiquitez de Paris. 532). (2).

4. *Robert Chartier*, dit d'Asnet.

V. — JEAN CHARTIER II vivait de 1330 à 1350 ; il fut père de : assavoir :

(1) Mathieu Molé, né à Paris en 1484, cependant Feller lui donne deux fils : Edouard et Louis.

(2) Voir Pièces justificatives II. Fondation du collège de Boissy.

5. *Guillaume*, dit Guillemin.

5. *Estienne Chartier*, fondateur du collège de Boissy, avec Geoffroy sieur de Boissy ; il fut père de :

6. *Chartier*, tige des Chartier de Bayeux.

6. *Alain Chartier*, que des auteurs ont dit sans fondement estre sorty du pays de Normandie, fut secrétaire de Charles VI et VII, naquit en 1386, et mourut en 1460. De son frère est sorty grande postérité, il mourut vers 1440 ; il était pourvu d'une prébende à N.-D. de Paris en 1420.

6. *Guillaume Chartier*, que l'on dit avoir esté évesque de Bayeux, premièrement. Evesque de Paris après Denys Dumoulin, tonsuré l'an 1447 ; mourut en 1472.

6. *Jean Chartier*, moine de Saint-Denis, et autheur de la Chronique de ce monastère.

7. *Michel Chartier*, d'Armonville, aura sa postérité cy-après (1).

V. — GUILLAUME dit Guillemin, fils aîné de Jean Chartier II. Il eut pour femme Agnède, d'où sortent : ?

6. *Jean Chartier* III, dit avoir esté élu à Auchton et Rochefort, eut pour femme Perrichon Martin dont :

7. *Estienne Chartier*, bourgeois d'Orléans, qui épousa Rabeau Compain, vivait en 1449, fait pri-

(1) Armonville-le-Guénar est dans l'arrondissement de Pithiviers et dépend de la paroisse de Saint-Péravy-Es-preux ; cette commune est voisine de celle de Boisseaux (Loiret), le lieu où se sont perpétués les Chartier, et leur descendance, les François, les Taffoureau, etc. C'est donc de Michel Chartier que descendent les Chartiers de Beauce, les continuateurs de cette famille par cette branche aînée.

sonnier au retour d'Arras, où il avait été député, avec Pierre de l'Aubespine pour affaires du Roy, en 1479. Il eut pour enfants :

8. *Jean Chartier* en 1481.

8. *Catherine Chartier*, femme de Tienne de Tiery du Temple, procureur de l'Office de Chartres et de Berueille. Il eût : Guillaume Fouhec Chartier, bourgeois de Chartres, argentier du roy de Navarre. Son fils, docteur en théologie, chanoine de Chartres, mort fort âgé.

7. *Jean Chartier* IV, bourgeois d'Estampes, en 1452, ouvre sa postérité :

7. *Simon Chartier* à Orléans.

7. *Simone Chartier*, épousa messire Hardy, bourgeois d'Estampes, dont elle eut Pierre Hardy, qui épousa Simone David (1). De ce mariage Simon Hardy, qui épousa Georgette Paris ; Charlotte Hardy, femme de Pierre David, laboureur à Arbouville, dont est veuve : Eymerice David, bourgeois d'Estampes, qui épousa Jeanne Guyot, d'où est sorti Pierre David, gentilhomme du roy, puis Joachim David, escuyer à Arbouville, qui porte : *D'azur au soleil d'or, au-dessus, un girasol d'or, feuillé de sinople, et deux colombes affrontées en pointe.*

7. *Simon*, fils de Jean III, était marchand à Orléans, il épousa. . . . ., et eurent :

8. *Michel Chartier.*

8. *Pierre*, marchand drapier.

8. *Guillaume* qui vivait en 1451, il a été inhumé en l'église de Saint-Aignan à Orléans.

8. *Michel Chartier*, marchand à Orléans, vivait

---

(1) Cette famille, alliée aux Brunet, Taffoureau, etc., compte encore des descendants à Ingré, près Orléans.

en 1460-1476, et mourut en 1483. Son épitaphe est au grand cimetière d'Orléans, en la chapelle du Sainct-Esprit ; marié à Catherine Pasté. Il eut :

9. *Julienne*, cy-après.

9. *Michel Chartier*, advocat, docteur en droit, principal du collège de Boissy. Il mourut en 1530, et laissa à ses neveux, au nombre de trente huit, chacun quinze livres de rente, suivant partage reçu en 1531 par Olive, notaire à Paris (1).

9. *Simon Chartier* aura sa postérité illustre. 9. Guillaume Chartier, Catherine Chartier qui épousa Jean Chasserey de Gien, Robert Chartier, chanoine à Rennes, Pierre et René Chartier, chanoines à Rennes, Simone épousa Jacques Le Breton, Marie épousa Aignan Tardieu. 9. Jean, épousa Perette Martin, ils eurent : 10. Jean, mort sans postérité. Catherine épousa Pierre Misland, Françoise épousa Jean Feuvrier, Charlotte épousa Jehan Leclerc 9. Martin. Sa postérité dure encore. Michel, puîné, fut père de Anthoine Chartier, 10. Perrine Chartier épousa Ferry Alleaume, bourgeois d'Orléans et d'Estampes, lequel donna de 1530 à 1551 la famille Alleaume. 9. Anne Chartier épousa Clément Hondereau, conseiller au Parlement 9. Marie Chartier, femme de Jacques Guillardeau, dont est sorti la famille Bouguier, Molé et Igrygny. Suivent la famille. . . . .

9. *Charlotte*, épousa Estienne D'Islas, dont elle eut Etienne D'Islas, Raymond D'Islas et Marie D'Islas, 9. Charlotte épousa Jean Oudemart.

(1) Le chanoine Hubert donne la copie de cet acte pp. 58 59, dans lequel sont les noms des trente-huit neveux héritiers.

X. *Julien Chartier*, aisné de Michel et de Catherine Pasté, avocat, conseiller en la Cour des Aydes, épousa Jeanne Lallemand, il eut plusieurs enfants et était eschevin d'Orléans en 1519, il eût : X. Michel, commissaire au Châtelet de Paris, il épousa Marie Le Tellier et il eut : 11. Germain Chartier, il eut : Marie, qui épousa Noël Boëte, sieur des Varennes. 11. Michel, contrôleur des guerres. 11. Marie, femme de Nicolas Martineau, conseiller au Parlement. 11. Nicolle Chartier, épousa Philippe Hémon, advocat au Parlement. 11. Claude Julien, advocat et bailly de Beaugency, sans postérité, Estienne, Jacques. 10. Gillon Chartier, qui épousa Nonis Ragaliez, et en secondes noces, Charron, dit l'Evesque, et 10, Françoise qui épousa Estienne Brachet.

Claude Chartier (1), bourgeois d'Orléans en 1520, épousa Marie Monnaut ; était eschevin et receveur des tailles en 1537-1545. Il mourut le onze décembre 1554, il eut pour enfants :

11. *Julien Chartier* né le 3 juin 1525 ; Jean Chartier, né en 1527, marié à Marthe Seurret.

12. *Jacques Chartier*, leur fils. 11. Robert, 1528-1560, Claude Guillaume 1534, Jean 1542, Jacques 1547, Marie 1523, Françoise 1527, Marie 1530, Marie, troisième fille, 1532, mariée à Jacques Robert, bourgeois d'Orléans. Jacquette 1539, et Barlet Chartier 1544.

XII. — JULIEN CHARTIER, marchand, mourut le 16 juillet 1544, épousa Anne Brisset, il eut, 12, Ju-

---

(1) C'est par lui, par Robert et Marie Chartier que nous trouverons ci-après, que se continue jusqu'à nos jours la descendance ininterrompue des Chartier.

lien, Pierre, Claude, Jean, Jean, Aignan, Daniel, Anne, Anne, Marie, et Jacques, né en 1562.

12. *Jean*, quatrième fils de Julien, épousa Catherine Compleix.

13. *Guillaume Chartier*, religieux capucin, Marie, Catherine, et ceux-cy devinrent la branche aisnée des Chartier.

X. — AUTRE BRANCHE : Julien, troisième fils de Julien et de Jeanne Lallement, fut lieutenant particulier au siège de Beaugency ; il épousa Anne Le Fuzelier, dont elle fût la veuve en 1555, morte en 1562.

XI. — ETIENNE CHARTIER fut père de : 12, Jacques et Euverte Chartier.

XI. — ALAIN CHARTIER, Estiennette Chartier, mariée à Jean de Montadan, écuyer à Orléans, lesquels eurent un fils, qui épousa Nicole Lebert, en 1555, XI. Euverte Chartier, avocat, conseiller au Parlement d'Orléans, vivait en grande estime et considération sous François II, et Charles IX, il épousa Marguerite Mignot, ils eurent, Euverte, Philippe, Daniel, Marguerite, Claude et Anne.

XII. — EUVERTE CHARTIER I, conseiller advocat et lieutenant à Lorris

13. *Henri Chartier*, prévôt de Lorris, épousa Marie Roux ; ils eurent : Renée, Claude et Nicolas.

13. *Nicolas-Jules Chartier*, maître de la garde Chaumontoise, de la forêt d'Orléans, il eut : Jacques Daniel, seigneur de la Boulardière, conseiller au présidial d'Orléans, épousa en 1588, Jeanne Morin, dont ils eurent : Michel.

BRANCHE DES CHARTIER
SEIGNEURS DE LASSY ET D'ALAINVILLE

IX. — Simon Chartier, troisième fils de Michel et de Catherine Pasté, advocat au Parlement sous Louis XI, épousa Françoise Jagat, dont ils eurent : Mathieu, Madeleine, Guillemette, Marie, mariée au sieur de la Chaise. Simon mourut à Paris en 1483.

Mathieu, advocat, de 1524 à 1531, et que l'on dit estre proche parent d'Alain Chartier, épousa Jeanne Brinon, fille de feu Brinon, procureur au Parlement, il eut : XI. 11, Mathieu Chartier, seigneur de Lassy, Guillaume, advocat, marié à Françoise Rivière, advocat au Parlement, Geneviève, mariée à François de Montholon, chancelier de France en 1551. XI. Marie, épousa Jean Teste, seigneur de Coupeuvray, mestre des camps à Paris. Louis, qui épousa Marie Thibaud 1.

XI. — Mathieu Chartier II, seigneur de Lassy et d'Alainville, conseiller, doyen du Parlement de Paris, mort en 1543, épousa Marie de Montholon, fille de François, appelé par Monseigneur de Thou au 3ᵉ livre de sa vie : *Antiques Grauditas Senator* Il eut : Mathieu II, seigneur d'Alainville, Marie, dame de Lassy, et d'Alainville, qui épousa

(1) Epitaphe de Geneviève Chartier en la chapelle de l'église de Beaune : *Genovefa, Mathæi, Quadrigerii, advocatorum, suæ æt. principis, probissimi viri filia. Francisci. Montholonæi. Franciæ. Procancellarii piissima.. modestissima. in. omnibus. maxime erga pauperem. conjux.*

Hoc in patrum sepulcro requiescit donec optata. veniat resurrectio. Franciscus Montholonæus sacri consistorii comes posuit et anniversaria. vota fundavit.

en 1566, Christophe Bouguier, seigneur de Villaines, conseiller au Parlement... Marie Chevalier, fille de Michel, bourgeois d'Orléans, et sœur de Michel, le Principal du Collège de Boissy, ladite Marie Chevalier se remaria à Édouard Molé de Champlatreux Président, dont est issu Mathieu Molé, seigneur de Lassy et de Champlatreux, Président et Garde des Sceaux à Paris (1).

12. — *Magdeleine Chartier* épousa Jean-Gabriel de Mesme, conseiller au Parlement de Paris, et mort sans enfants.

(1) Nous possédons un petit volume in-32, ayant appartenu à Mathieu Molé, puis à la vicomtesse Henry de Ségur, dont il porte à l'intérieur l'ex-libris à ses armes et délicatement gravé.

Il a pour titre : L'*Annæi Senecæ Philosophi opera omnia, Amsterodami apud Gelily* L. Cœsium. C|ↄ|CXXVIII. avec frontispice gravé.

Les plats sont frappés chacun d'un fer doré portant les armes de Molé, timbrées d'un heaume de profil avec riches lambrequins.

Le dos porte, en outre du titre, les quatre lettres du mot Molé enlacées.

L'écusson est écartelé au 1er et au 4, *de gueules au chevron d'or, accompagné en chef de deux étoiles d'or et en pointe d'un croissant d'argent,* qui est de Molé, et au 2 et 3, *de.... au lion armé, lampassé et couronné d.....*

L'attribution devient impossible, les émaux n'étant pas indiqués, beaucoup de familles portant le *lion armé, lampassé et couronné* Ce ne sont point les armes de sa femme Renée Nicolaï, cette maison portant : *d'azur au lévrier courant accolé d'or,* à moins toutefois que le graveur n'ait confondu le lion pour le lévrier.

Renée Nicolaï était fille de Jean, seigneur de Goussainville, et de Marie de Billy.

BRANCHE DES CHARTIER
DE LA MAISON-ROUGE

9. *Martin Chartier*, 6ᵉ fils de Michel, marié à Marguerite Besnard, il eut : X, *Jacques*, Bourgeois d'Orléans, Simon, Procureur en 1553, Nicolas, Guillaume, Martin, Marguerite, femme de Jean Tenot, François. X, *Jacques*, marié à Marie Chartier, mourut en 1545, il eut : XI, *Claude-Nicolas*, marié à Claudine Ruequidoint. X, *Claude*, Bourgeois d'Orléans, vivait en 1560, marié à Jeanne Tranchot ; il eut : Guillaume de la Maison-Rouge, de Beausse, docteur régent en l'Université d'Orléans, marié à Catherine Caron, il eut : XIII, ... *Chartier* épousa Jacquette Rousseau, advocat au Parlement d'Orléans ; 13. Chartier, Guillaume. XIII, *Guillaume*, secrétaire du Roy, Maison, Couronne de France, seigneur de la Maison-Rouge, épousa Marie Mesmin, fille de Florent Mesmin, conseiller du Roy, au bailliage et siège présidial d'Orléans ; il eut : XIX, Guillaume, mort à vingt ans ; Madeleine, mariée à Anthoine Duchon, baron de Mézières.

BRANCHE DES CHARTIER
D'ARNOUVILLE

V. Michel d'Arnouville, bourgeois d'Orléans, 3ᵉ fils de Jean II, mourut en 1377, en sa terre d'Arnouville, paroisse de Gommerville, proche d'Angerville l'Auguste, il eût pour fils : *Estienne*, rendit aveu au duc de Berry, comte d'Estampes en 1400, il fut père de : Michel, qui vivait en 1478, il eut : Jean, seigneur d'Arnouville, épousa Marie

Mut, et eut : IX, *Henry*, advocat d'Orléans, seigneur d'Omarville, 1527-1540, 1542. Fils : 9. *Léon*. *Estiennette*, femme de Jean Moyreau, marchand ; deux filles, Avoye, qui épousa Jean Pimart, en 1535, Jeanne Chartier, femme de Jean de la Salle, et, 9, *Marie*, femme d'Eutrope de Selle.

AUTRE BRANCHE DES CHARTIER

VII

Jean, bourgeois d'Estampes et Rocheford, 11e fils de Jean, demeurant à Intréville, épousa Martine Colas de Perrichon. VIII, *François Chartier*, laboureur (1), à Aurivide, Marion Chartier épouse Gillette Hue. VIII, *François*, laboureur à Durainville, marié à Thérèse Grison, il eut ; IX. *Jean*, qui épousa Marie Tamain ; et il eut : Jeanne.

9. *Michel, Jacques, Lubin*. Catherine épousa Moireau, laboureur, Marion Chartier qui épousa Marie Perdrol, et Lubin Chartier en 1535. Louise Chartier, épousa André de la Croix, laboureur.

IX. — LUBIN, laboureur à Barmainville, épousa Jeanne de la Mare, il eut : IX, 10, *Marin Chartier*, dit le Maistre, 1589. Jean, qui continua la famille, Lubin marié à Claudine Dyon, Antoine qui épousa Perrette Dyon, Denys. Roberde épousa Michel Arnoul, Guillemine épousa Claude Arnoul, Marie, fille. X. *Jean* partagea avec Lubin son frère, en 1564, il épousa Michelle Chartier, fille de Chartier et Marie Mangard, par contrat du 26 janvier 1552, à Orléans (2).

---

(1) Laboureur s'entend ici comme propriétaire faisant valoir lui-même ses terres.

(2) Nos archives. Famille Chartier.

11. *Jeanne Chartier* épousa Lubin Houmain, père de Michel, seigneur de Courbeville, lieutenant criminel à Orléans, dont il est sorti une grande famille, 11. Marie épousa Ambroise Houmain, frère puîné de Lubin.

SUITE DE LA BRANCHE

X

Jacques, marié à Jeanne Maugay, le 3 mai 1532 ; de ce mariage :

XI. — Jacques, marié à Claudine Petitpas, il eut : Michel Chartier, procureur à Orléans, marié à Nicole Sevin, le 5 janvier, mort en 1583. Ils eurent François, Simon, Jean, Michelle, mariée à Jean Chartier, le 22 janvier 1552 par contrat de Rousseau, Jeanne, femme de Lubin Houmain, Marie femme de Ambroise Houmain, Antoinette, femme de Claude Durnance, mariée par contrat de Rousseau, le 20 septembre 1543, Germaine Chartier, femme de Claude Brulart, 1583, et Elisabeth Chartier, femme de Jean Ridart.

Là se termine cette longue descendance d'une famille divisée en plusieurs branches, et dont nous allons reprendre la filiation à l'aide de documents originaux puisés dans nos archives de la famille Chartier (1).

(1) Archives historiques du cabinet de F. Perot. Fonds, Alain Chartier, Beauce, Archives de famille.

CHAPITRE III

GÉNÉALOGIE DES CHARTIER

DEPUIS LE CHANOINE HUBERT, JUSQU'A NOS JOURS.

Nous avons pu voir au chapitre X de la généalogie dressée par le chanoine Hubert, un Claude Henri Chartier, Bourgeois d'Orléans, en 1529, lequel épousa Monnaut ; ils eurent quatorze enfants, parmi ceux-là est Marie, mariée à Jacques Robert, Bourgeois d'Orléans.

C'est précisément Claude-Henri Chartier de la branche aînée, qui devint la tige des Chartier, lesquels se propagèrent en Beauce ainsi que nous allons l'établir ; ce qui n'empêcha point cette famille de contracter par trois fois des alliances avec elle-même. Nous retrouverons les Robert, les Lubin de Barmainville, épousant des Chartier.

PREMIÈRE BRANCHE

DES ALAIN CHARTIER DE BEAUCE

Jean-Claude-Henri Chartier, Bourgeois d'Orléans en 1520, épousa Marie Monnaut. Echevin de cette ville de 1537 à 1545, il y mourut le 31 décembre 1554 ; il eut :

XII. 1. JULIEN, né le 3 juin 1535 (1).

Jean, né en 1527, marié à Marthe Seurret ; ils eurent : Jacques.

2. *Jacques.*

3. *Robert*, 1528-1560, mort sans postérité.

(1) Voir *Généalogie du chanoine Hubert*, chap. X, p. 11.

4. *Claude*, 1531 ; 5, *Guillaume*, 1534 ; 6, *Claude* 1535 ; 7, *Jean*, 1542 ; 8, *Jacques*, 1547 ; 9, *Marie*, 1523 ; 10, *Françoise*, 1527 ; 11, *Marie*, 1530 ; 12, *Marie* troisième du nom, mariée à Jacques Robert, Bourgeois d'Orléans, 13, *Jacquette*, 1539 ; 14, *Barbe*, 1544.

12. Marie et Jacques Robert eurent :

Lipharde Robert vivait encore en 1612 ; elle épousa Jean-Alain Chartier, mort en 1693. Ils firent le partage de leurs biens entre vifs, suivant acte reçu Rousseau, le 12 novembre 1692 (1).

Ils eurent :

1° *Marguerite Chartier*, mariée à Lubin Lesage, et partagèrent leurs biens suivant acte reçu Rousseau, notaire en la Châtellenie de Boisseaux (Loiret) le 4 janvier 1692 (2).

2° *François Chartier*, receveur de la terre et seigneurie de Thoury, épousa en 1720, Geneviève Thomas, fille de... Thomas, Greffier à Orléans.

Lubin Lesage était fils de Jean et de Marie-Anne Argant, 1677, bonnetiers à Armonville-Sablon, paroisse de Rouvray et Barmainville (Eure-et-Loir). Ils affermèrent à François Moïse un logis au bourg de Boisseaux, près l'église, moyennant 80 livres le 10 juillet 1696.

Lubin Lesage avait pour frère, François, avec lequel il partagea quarante-trois pièces de terre, (acte reçu Rousseau), et avec Marie Lesage leur sœur, célibataire ; elle fit l'acquisition, le 30 septembre 1744, d'une maison à Boisseaux, appartenant aux religieux chartreux de Boisseaux (3).

1) Nos arch. f. A. Ch.
(2) *Ibidem.*
3) *Ibidem.*

La communauté Lesage-Argant acquit pour 8000 livres, converties en 40 l. de rente, un minot de terre du reage touchant aux héritiers de dame Argant, et de l'autre bout à la veuve Alain Chartier (1).

Lubin Lesage était laboureur à Andonville, ancien fief des Alain Chartier, près d'Angerville.

3° *Eléonore Lesage*, mariée à Jacques François, tailleur d'habits à Boisseaux.

Et 4° *Marie Chartier*, laquelle épousa en premières noces Charles Dargant, cabaretier, rue Creuse à Orléans, veuf de Jeanne Fauchet.

Ils eurent :

1° *Marie Dargant*, mariée à Martin Lamy, faiseur de filets à Boisseaux, associé avec son frère Martin.

2° *Sulpice Dargant*.

3° *Etienne Dargant*, tous deux cardeurs de laine à Boisseaux et à Andonville. Ces deux frères ont disparu sans que jamais on ait entendu parler d'eux. Des requêtes et suppliques ont été faites et adressées à ce sujet au châtelain de Boisseaux ; un partage sur licitation à la requête de Charles Dargant et autres, ainsi que plusieurs actes, ont été reçus par Champajeau, Aubery de Rochefontaine, et Trouillebert, à Boisseaux en 1699 (2).

4° *François Dargant*, fouleur de draps en la rue des Trois Sonnettes à Orléans, marié à Sulpice Bertheau, Métivier, demeurant au Puissey. Ils eurent : Françoise Dargant, et Marie-Jeanne

(1) Nos arch. Acte reçu Rousseau not. roy, le 3 juin 1699.

(2) Une sentence du 1er floréal an IX, rendue par Gentil, greffier du district de Janville, appela Antoine-François Dargant à recueillir la succession de Sulpice et d'Etienne d'Argant, disparus depuis longtemps.

Dargant, lesquelles sont déclarées héritières pour un quart de Charles Dargant et de Marie Chartier, leurs aïeux, ainsi que de Sulpice et Etienne Dargant, disparus.

Marie Chartier épousa en secondes noces Anthoine Métivier, marchant bonnetier et fabricant à Boisseaux (1).

Ils eurent :

5° *Etienne* Métivier, qui laissa :

1° *Madeleine*, mariée à Fiacre Taffoureau, maître des petites écoles à Boisseaux ; il se remaria à Jeanne François, de laquelle il eut plusieurs enfants. (Voir ci-après.)

2° *Françoise Métivier*, mariée à Jean Molard.

FAMILLE FRANÇOIS-TAFFOUREAU

Par deux fois déjà des alliances de la famille Alain Chartier se sont produites entre ses membres ; une troisième alliance se produisit par les François, ainsi que nous allons l'établir :

Jacques François, tailleur d'habits à Boisseaux, épousa Eléonore Lesage, fille de Marguerite Chartier et de Julien Lesage, Jacques François vivait en 1700.

Il laissa :

Etienne, Anne et Jeanne.

Etienne François eut :

(1) Ce petit pays touchant le département d'Eure-et-Loir avait autrefois beaucoup plus d'importance qu'il n'en a aujourd'hui ; Boisseaux était le siège d'une châtellenie ; il devint ensuite chef-lieu de canton. Un couvent de capucins y était établi au Nord-Est du bourg. Une partie des bâtiments existe encore.

Pierre François l'aisné, décédé à Boisseaux le 12 brumaire an VIII (l'an II de la rép.); il avait épousé Marie Boudet, de laquelle il eut : (1)

1° *Marie*.

2° *Jeanne François*, mariée à Etienne-Fiacre Taffoureau, huissier de la justice de paix du canton de Boisseaux, et maître des petites écoles de cette commune, ainsi que nous avons pu le voir ci-dessus.

Ils eurent :

Julie-Anastasie Taffoureau, née à Boisseaux en 1799, décédée à Orléans rue du faubourg Saint-Jean, N° 92, le 23 août 1880, mariée à Germain *Pilté*, télégraphiste à Boisseaux (télégraphe aérien ; né audit lieu en 1800, il y est décédé en 1875.

Ils laissèrent :

1° *Augustin-Désiré Pilté*, né à Boisseaux le 4 janvier 1829, décédé à Orléans en 1888, marié à Appoline Gudin ; ils eurent Léopold, mort en bas âge, Georges, né en 1857, Marie, née en 1858, qui épousa Paul Boucher, décédé.

2° *Euphrasie*-Julie-Désirée, née à Boisseaux en 1826, mariée à Hippolyte-Auguste-Eugène Brunet, né à Ingré en 1814, décédé à Orléans le 13 août 1893 (2).

Ils eurent :

1° *Julie-Désirée-Euphrasie-Clémentine Brunet*, née à Boisseaux le 4 septembre 1846, mariée le 15 novembre 1865 à Francis Pérot, né à Moulins, le 1er août 1840, auteur de cette généalogie.

(1) Ils firent une acquisition d'une maison avec terres à Boisseaux, le 17 février 1774.

(2) Il était l'un des derniers descendants, par sa mère, de la famille David, alliée à la fin du XVIe siècle aux Chartier.

2° Et *Eugène*, inspecteur des Postes et Télégraphes à Laon, né à Boisseaux en 1849, marié, à Paris, à Marie Martinet ; ils ont : Jean-Alain Brunet, né à Laon en février 1897.

Du mariage de Julie-Désirée-Euphrasie-Clémentine Brunet avec Francis Pérot :

1° Marie, née le 12 octobre 1867, épousa, le 25 janvier 1886, Etienne Bouchard né à Lyon, décédé à Moulins le 4 février 1889, laissant : Clémentine-Euphrasie Bouchard, née à Moulins le 16 janvier 1889.

2° Et *Eugène-Louis-François Pérot*, né à Moulins le 15 avril 1871. Il épousa, le 21 avril 1897, Berthe-Jeanne-Marie Gonde, sa cousine, née à Saint-Julien du Sault (Yonne) le 21 janvier 1874.

Ils ont : Henri-François-Claude-Alain Pérot, né le 5 août 1899.

CHAPITRE IV

Une importante généalogie des Chartier de Beauce a été donnée par M. de Vassal, archiviste du Loiret, et publiée à Orléans (Herluison, 1862) :

« Généalogies des principales familles de l'Orléanais ». Nous y relevons seulement les alliances avec les familles ci-après :

ALLIANCES DES CHARTIER

De Saint-Arnault, Martin, Compain, Pasté, Lallemand, Letellier, Monnaut, Seurret, Brissot, Couplier, Le Fuzelier, Mignot, Ramaillard, Morin, Gravet, Jayer, Brinon (1), Thibaud, de Montho-

(1) Les derniers représentants de cette famille habitent la Creuse et Moulins.

lon, Chartier (deux alliances), Chartin, Ruequidort,
Tranchot, Caron, Boitel, Mesmin, Simon, Muet,
Colas, de Mesgrigny, Crison, Jamain, Dijon, De-
nis, Maugues, Petitpas, Sevin (1585).

FIEFS

Boissy-le-Sec, Armonville, Lassy, Alainville,
La Maisonrouge, Attras, Chastillon, Dommar-
ville.

ALLIANCES PAR LES FEMMES

Du Temple, Hardy, Chasseray, Le Breton, Tar-
dieu, Meslard, Feuvrier. Leclerc, Alleaume, Hou-
dereau, Guillereau, Destas, Oudenat, Martineau,
Hémon, Gayette, Salomon, Charron, Braschet,
Robert (1585), Hocquin, Pelletier, Lebert de la
Verne, Alligot, Averdat, de Montholon, Teste,
Bouguier(1566)(1), Molé, Champlâtreux, de Mesmes,
Tenot, Pasquier, Rousseau, Doulcet Ariste, Pe-
non, Duchon, Moyreau, de La Salle, Hüe, Per-
driol, de la Croix, de la Mare, Arnoul, Houmain,
Chartier (1552), Dumain, Billard, (1585), Ridart, de
la Celle, de Monchi-Hocquincourt, de Longueil-
Maisons, de Belleforière Soyecourt, de Chassebras
du Breau, de Cramaille, de Bragelongne, de Sève,
de Tronson; le Doulx de Melleville, de Montau-
din, etc.

(1) Par une fille de ce nom, descendait messire de Mesgrigny, président à mortier.

CHAPITRE V

Notice sur les François

C'est l'une des plus anciennes familles de Boisseaux ; autrefois laboureurs, ils sont devenus artisans.

Véronique François épousa B. Baudin, voiturier par terre. Acte reçu Aubery, notaire royal à Outarville, le 17 janvier 1771.

Fille de Pierre François et de Françoise-Véronique Courtois.

Marie François épousa vers le même temps Louis Bernard, de Boisseaux.

Une Claudine Courtois, de Boisseaux, avait épousé Santerre, maître chirurgien-médecin à Orléans. Ils eurent un fils, René-François Santerre, né à Ingré le 1er février 1698, lequel mourut en odeur de sainteté.

Françoise François épousa en 1672, en premières noces, André Charlet, cardeur à Boisseaux, et en deuxièmes noces, Jean Duvet, ouvrier en laine.

1689. *Jacques François* épousa Eléonore Lesage. On les trouve dans un acte de partage de terres touchant aux Grosses Pierres de Kelouet (1).

1700. Françoise François, veuve de Pierre Courtois, ils eurent sept enfants, dont Jeanne François

(1) Superbe dolmen encore conservé dans la commune d'Erceville près de la butte d'Halemont. (Voir *Bulletin de la Société arch. et hist. de l'Orléanais, et Bulletin de la Soc. d'Emulation de l'Allier : Le dolmen de la Pierre Kelouet ou la Pierre Hachée*. Par Fr. Pérot, t. XI, 1874, p. 309.

qui épousa Etienne Taffoureau, ouvrier en laine à Boisseaux (1).

1761. Jean François, ouvrier en laine.

1762. Quittance de 113 l. reçu Trouillebert, notaire royal, par Marie François, femme de Claude Mercier.

1762. Marie François, fille des précédents, mariée à André Boudet-Turhel.

An VIII. — Pierre François et femme Boudet sa femme ; il décéda à Boiseaux le 21 brumaire an VIII.

Ce Pierre François, marchand de bas et fabricant, reconnaît à titre de cens devoir à dame Anne-Cornélie-Françoise Goislard. veuve de messire Aubin de Plouay, conseiller du Roy, dame d'Andonville, Pusselle, Bicherolle, Gondreville, à cause de la dite seigneurie, un sol de cens sur l'article 60 dudit terrier, et payable au jour de saint Etienne. veille de Noël. (Pièce du 13 nov. 1787, nos archives).

Il était le père de Véronique François.

CHAPITRE VI

FAMILLE ARGAND

1677. Jeanne Argand, mariée à Jean Lesage, habitait Armonville Sablon, paroisse de Barmainville ; ils laissèrent trois enfants, un fils, deux filles.

1692. Ce fut son frère Lubin Lesage qui épousa Marguerite-Alain Chartier.

(1) Il y avait dans cette localité une grande industrie : on y fabriquait des bonnets, des bas, chaussons, gilets de laine: depuis, cette industrie s'est déplacée ; elle est aujourd'hui à Pusset.

1699. Sulpice Argant figure comme témoin dans cet acte.

1784. Vente des biens meubles et immeubles, à la porte de l'église de Boisseaux, dépendant de la succession de la veuve Marie Chartier, qui avait épousé en premières noces Charles Argant ou Dargant, en deuxièmes Antoine Métivier.

CHAPITRE VII

LES TAFFOUREAU

1661. Etienne Taffoureau, conseiller clerc et secrétaire du Roi, du conseil des finances de la Reine mère ; il signe au bas de l'acte d'échange du duché de Bourbonnais que fit le duc de Bourbon contre le duché d'Albret. (1).

Nous possédons un portrait de l'évêque Taffoureau, conservé jusqu'alors dans sa famille, d'après le tableau du célèbre Rigaud.

Il représente le prélat vu de trois quarts, encadré dans un ovale, et de format in-folio.

Autour : *Karolus Nicolaus Taffoureau de Fontaines. Episcopus Electensis, obiit Electæ die VII octobris anni MDCCVII ætatis suæ LIII.*

La légende est coupée par l'écusson de l'évêque d'Alet (2), il porte :

Écartelé : aux 1 et 4, d'azur à l'aigle éployée, becquée

---

(1) Nos archives, cart. 6 L. J. imprimé du temps, daté de Châlons : le document original est en la possession de notre ami. M. J. E. Choussy.

(2) Evêché fondé au commencement du XIII° siècle, et supprimé à la Révolution.

et membrée d'argent, accompagnée d'un croissant du même en chef ; aux 3 et 4, d'azur à deux cerfs affrontés d'argent, accompagnés de deux besants du même, un en chef, l'autre en pointe.

1706. Jean Taffoureau était layetier à Paris.

1770. Son fils lui succéda ; ce fut lui qui confectionna les caisses nécessaires au célèbre Law pour son voyage en Amérique, et qui s'embarqua sur le *Chevalier*, vaisseau affrété pour ce personnage.

1790. Fiacre-Etienne Taffoureau, huissier de la justice de paix de Boisseaux ; il était en même temps maître des petites écoles et épousa Madeleine Métivier, fille d'Étienne, et petite-fille de Marie-Alain Chartier ; c'est pour la troisième fois que nous rencontrons l'alliance de la maison Chartier avec elle-même.

Il figure comme héritier de la grand'mère de sa femme, dans le partage de la succession Chartier (1).

1793. Son fils, Fiacre, fabricant de bas, et citoyen de Boisseaux.

Nous avons retrouvé les Taffoureau sur les registres paroissiaux d'Orléans.

Paroisse de Saint-Paul

1701. Le vendredi deux septembre a esté baptisé Germain Taffoureau, fils de honorable François et de Marguerite Bagenitiers sa femme.

1702, 25 octobre, naissance de Marie-Louise.

1704, 20 oct. Baptême d'Estienne, du légitime

(1) Nos archives, f. Ch.

mariage d'Estienne et de Françoise Boussiaux.
Mareine dame Marie-Magdelaine de Sacy.

1705. Naissance d'Anthoine.

1707. Naissance de Marie-Françoise

1709. Naissance et baptême de Marie-Anne.

Paroisse de Saint-Paterne.

1703. Baptême de Louis.

1704.	—	Anthoine.
1705.	—	Marie-Françoise.
1709.	—	Marie-Anne.

Paroisse de Saint-Pierre.

1712. Baptême de Espérance Taffoureau.

1716.	—	Marguerite.
1716.	—	Jeanne.
1718.	—	Françoise.
1719.	—	Aymon.
1720.	—	Marguerite, fille d'honorable

homme Aignan Taffoureau, marchand, et d'Espérance Aupré.

A partir de 1763, l'on ne retrouve plus aucun Taffoureau à Orléans ; une partie de cette famille est allée à Boisseaux ; on la retrouve encore après la Révolution.

LES ROBERT

L'une des anciennes familles Orléannaises, dont il reste encore quelques rares descendants.

Marie Chartier, douzième fille de Julien Chartier et de Marie Seuviet, née le 3 juin 1585, elle se maria tardivement, en 1632, à Jacques Robert, bourgeois d'Orléans ; ils laissèrent ;

Lipharde Robert, laquelle se maria à son cousin germain, Jean-Alain Chartier (1).

Elle était la petite fille de Claude Chartier, receveur de la ville d'Orléans, de 1537 à 1545.

1677. Mariage de Marguerite Chartier et de Lubin Lesage ; elle était héritière et figure au partage ; entre ses co-héritiers, de deffuncts Jean-Alain Chartier et de Lipharde Robert, ses père et mère (2)

Dans le cours de ces recherches, nous avons trouvé des familles opulentes alliées à des familles de bourgeois, de laboureurs et d'artisans ; nous n'avons trouvé ni lettres patentes d'anoblissement, ni preuves en vérification d'armoiries émanant de d'Hozier ou de Chérin ; il semble que l'honneur ait toujours suffi à cette vieille famille d'Alain Chartier qui était sans fortune. Ce respectable nom a traversé cinq siècles, tantôt avec l'aristocratie de vieille souche, tantôt avec de simples familles de laboureurs et d'artisans ; elle a retrouvé çà et là une certaine aisance, mais sans cesser d'être pauvre. Et cette glorieuse famille qui n'avait qu'un simple écu sans couronne pourrait encore prendre pour devise : HONNEUR, TOUJOURS.

Il existe aujourd'hui une famille Chartier qui porte exactement les mêmes armes que celles des Alain Chartier, lesquelles se voyaient encore au siècle dernier, en l'église de Saint-André-des-Arts, à Paris, en la chapelle « du cousté droict de l'Evangile. »

(1(Partage reçu Rousseau, notaire royal à Boisseaux, en 1650, fait entre les héritiers de Lipharde Robert et J. Alain Chartier. Nos arch.

(2) *Ibid.* 12 mars 1692.

Elle est représentée par le comte Paul Adhémar Chartier, fils du marquis Chartier, ancien ambassadeur à Copenhague. Le comte Adhémar a épousé en 1897, Jenny-Marie-Thérèse de Corbeil, d'une famille dont était Renaud III, évêque de Corbeil sous saint Louis.

CHAPITRE VIII

INDEX BIBLIOGRAPHIQUE

Dans cette dernière partie nous ne voulons point relater les œuvres des Chartier ; d'érudits biographes nous ont précédé ; nous ne voulons donner que quelques indications qui peuvent être utilisées pour les recherches sur cette famille.

Moréri, *Grand dictionnaire historique*. 6 vol. gr. in-fol. et 2 vol. de supplément. Paris, Baslet, 1733.

Armorial des principales Maisons de France, par Dubuisson. Paris, Guérin, 1557, 2 vol.

Armorial général de France, par d'Hozier. Paris, J. Collombat, 1738-1768, 12 vol. in-fol.

Dictionnaire de la Noblesse française, par de Courcelles. Paris, 1820-1822, 5 vol. in-8°.

OUVRAGES SPÉCIAUX SUR LES CHARTIER.

Manuel du libraire. Brunet, 5ᵉ éd., 6 vol.

Bésiers. — *Observations sur Guillaume Chartier, évêque de Paris*. Dans le Journal de Verdun, 1759, juillet 39-41.

Recherches sur la parenté d'Alain, Jean et Guillaume Chartier, par Pezet. Bayeux, Mém. de la Soc. d'Agr., Arts et B. L. de Bayeux, année 1842, p. 243-264.

Etude sur Alain Chartier, ibid., 1850.

Notice sur Alain Chartier, par le vicomte de Toustain. Revue nobiliaire, 1866, p. 515.

Biographie normande, par Le Breton. Rouen, 1857-61, 3 vol. in-8*.

Portraits des hommes illustres, par Thevet. Paris. 1854, in-fol.

Nouveau dictionnaire de Bayle. Amsterdam et la Haye, 1750, 4 vol. in-fol.

Nouveau dictionnaire de Delandine. Lyon, an XII, 13 vol in-8°.

Dictionnaire portatif des grands hommes, par Feller, Paris, 1823, 10 vol.

Encyclopédie méthodique, par une Société de gens de lettres. Paris, 1782-1832, 167 vol. in-4°.

Biographie universelle. Michaud, Paris, 1811-1838, 52 vol. in-8°.

Dictionnaire historique, Paris, Ménard et Descenne, 1821-1828, 30 vol. in-8°

Biographie universelle. Gosselin, Paris, 1819, 3 vol. in-8.

Dictionnaire de la conversation. Paris, 1832-1839, 52 vol. in-8°.

Encyclopédie des gens du monde. Paris, 1833-45, 44 vol. in-8°.

Plutarque français. Le Bas, Paris, 1841-45, 12 vol. in-8°.

Encyclopédie du XIX° siècle, 1842, 55 vol. in-8°.

Nouvelle biographie. Paris, Firmin-Didot, 1855-66, 46 vol. in-8°.

Dictionnaire d'histoire et de biographie. E. Bouillet. Paris, 1867.

Dictionnaire d'histoire, de biographie. E. Dezobry et Bachelet, 2 vol in-8°. Paris, 1859.

Bibliothèque française. La Croix du Maine. Paris, 1772-76, 6 vol. in-4°.

Mémoires pour servir à l'histoire des hommes illustres, par le P. Nicéron. Paris, 1769-45, 44 vol. in-12.

Essais sur les honneurs accordés aux illustres savants, Titon du Tillet. Paris, 1734.

Bibliothèque française. L'abbé Goujet. Paris, 1741-56, 18 vol. in-12.

Les Poètes français. Anguis, Paris. 1824, 6 vol. in-8°.

Les Poètes français. Gide. 1864. Paris. 4 vol. in-8°.

Mémoires de messire Philippe de Commines. Lenglet Dufresnoy. Paris, 1747, 4 vol. in-4°.

Divers propos mémorables des nobles et illustres hommes de la chrestienté. G. Carruzel, Paris, 1556.

Histoire de l'abbaye de Saint-Denis. J. Doublet, Paris, 1625. 2 vol. in-4°.

Bonfons, *Antiquités de Paris*. Il s'y trouve une note sur Alain Chartier.

Histoire de l'abbaye royale de Saint-Denis, D. Félibien. Paris 1706, in-fol.

Gallia Christiana, Cl. Roberti, Parisiis, 1715-1785. 13 vol. in-fol.

Histoire de l'Eglise gallicane. par les PP. Longueval, Fontenay, Paris, 1820, 20 vol. in-8°.

Dissertations historiques, P. Octavien de Guasco, Tournay, 1756, 2 vol. in-12.

Bibliothèque historique de la France, par le P. Le Long, Paris, 1768, 5 vol. in-fol.

Trois historiens, par le marquis de Beaucourt, Courr. Litt. 25 sept. 1858.

Histoire de Charles VII, par Vallet (de Viriville), Paris, Renouard, 1862, 3 vol. in-8°.

Les Chartier, par Du Fresne de Beaucourt, Caen, 1869, in-4°.

MANUSCRITS A LA BIBLIOTHÈQUE NATIONALE

OEuvres latines d'Alain Chartier, fol. 5961-8757.

OEuvres françaises, ms. fr. 2265-5339.

Quadriloge invectif fr. 24440 S. Vict. 394).

Note sur Alain Chartier, 728-fol. 63, v°.

Epitaphes de Paris, ms. fr. 8228.

Tombe de Guillaume Chartier, f. Gaignières. vol. CLXXIV (1).

Nécrologe de l'Abbaye de Saint-Denis, 1760, 2 v. in-fol. fs. f. 8599-8600.

Lettre de G. Chartier, Gaign, vol. CCCXXII.

A LA BIBLIOTHÈQUE DU LOUVRE.

Histoire des Poètes français, Colletet, Ms. Autog, notice sur Alain, f. 2398 et 2398.'

AUX ARCHIVES NATIONALES.

Comptes de la Chambre des deniers du Dauphin, K. K. 50.

Registres capitulaires de Notre-Dame de Paris, L. L. 189, 217, 219, 224.

Registres du Parlement, X, 482-00899.

Registres capitulaires de l'abbaye de Saint-Denis, L. L. 1192, 1222, 1213. 1242, 1245, 1274, 1275.

Trésor des Chartes, J. 678, numéros 2425 et 2426,

Registre du trésor des Chartes, J. J. 177, pièce 102.

---

(1) VI Pièces justificatives.

Généalogies

Généalogie de la famille des fondateurs de la maison et collège de Boissy. Paris, Denis Langlois, 1680. 33 p. in-4°.

Abrégé chronologique de la fondation et histoire du Collège de Boissy, 1754.

Réimpression faite en 1762, par Chevillard.

Généalogie des alliances de la famille Chartier, fondatrice du collège de Boissy.

Les trois documents ci-dessus sont aux archives du collège de Boissy. Carton M. n° 92.

Généalogie de la famille des Chartier, d'après les *Mémoires,* entre autres de M. Hubert, chanoine d'Orléans. Ecriture du XVIIe siècle. Au Cabinet des Titres de la Bibliothèque Nationale.

Généalogie des Chartier de Beausse, Orléans, Etampes, Paris, dans le *Nobiliaire Orléanais,* par le chanoine Hubert d'Orléans, 8 vol. gr. in-4°. Cette généalogie est insérée dans le tome II, p. 64. A la Bibliothèque de la Ville d'Orléans.

De nombreux portraits ont été gravés ainsi que des scènes se rapportant aux Chartier, notamment, sur le baiser donné à Alain par Marguerite d'Ecosse. Les peintres, les graveurs et lithographes en ont multiplié leurs traits. C'est qu'en effet, les trois Chartier ont rempli leur époque de leurs noms ; l'art a voulu s'associer à la science pour leur payer son tribut d'hommages.

CHAPITRE IX.

PIÈCES JUSTIFICATIVES

Guillaume Chartier

A. Une gravure du XVII° siècle représente Guillaume Chartier, de format gr. in-4° (1). Le prélat est mitré, vu de face, vêtu de la chasuble et de l'étôle : au-dessous de l'ovale : Guillaume Chartier, évêque de Paris, élu le 6 décembre 1447, mort le 1ᵉʳ may 1471, inhumé dans le chœur de l'église de Paris. Grav. de Caillard, d'après Robert, del.

Sa tombe était formée d'une dalle en cuivre jaune, placée au milieu, à l'entrée du chœur de Notre-Dame de Paris, ainsi que la représente une gravure de la fin du XVII° siècle, de format gr. in-fol. (2), et portant la pagination d'un recueil N° 152, sur les Antiquités de Paris, et gravée par Bouchet de Villiers.

Elle représente la tombe entière dans tous ses moindres détails : l'évêque Chartier y est représenté couché, la tête coiffée de la mitre et appuyée sur un oreiller, il tient sa crosse ; à ses pieds se voit un écusson portant les armes des Chartier; à droite et à gauche, au centre de la tombe sont deux autres écussons, écartelés à ses armes et à celles qui lui ont été affectées lors de son élévation à la dignité épiscopale; et qui sont : *D'azur à une crosse d'or, accostée de quatre fleurs de lis de même.* Au-dessus de l'écu est une crosse.

(1) Nos Arch. Iconog. des Chartier.
(2) *Ibid.*

Le prélat est sous un dais épicycloïdal d'une grande richesse d'ornementation ; les supports sont formés de colonnettes; dans les entre-colonnements sont des scènes, des personnages, des anges, etc., et tout autour est la légende en caractères abrégés du XV⁰ siècle. Contrairement à la légende du portrait ci-dessus qui donne la date de 1471 pour sa mort, ici elle est indiquée : M⁰ IIII⁰ LXXII, primo martii.

Nous avons relevé dans Millin, l'indication suivante (1) :

« Couvents des Grands-Augustins à Paris.

« La nef est très petite, on y trouvait entre autres l'inscription suivante :

« A tous soit cogneu que l'an 1453, le 6 de may, celuy temple dédia et consacra honorable homme de grande sapience, docteur en droict civil et canon, très vénérable et révérendissime seigneur messire Guillaume Chartier, pasteur, évêque de la vénérable église de Paris, » etc.

Le Président de Mesme, qui était allié aux Chartier, fut également le bienfaiteur de cette maison ; ses armes s'y voyaient un peu partout ; il avait légué huit cents livres de rentes à perpétuité, mais les religieux n'en profitèrent pas, à cause des lourdes charges qui étaient attachées à cette donation.

Bonfons (2) donne cette inscription qui se voyait en l'église de Saint-Eloy à Paris :

« Au cymetière de cette mesme Eglyze, soubz

(1) *Antiquités nationales*, ou recueil de monuments, 1793, 4 vol. in-4⁰. tome III. cap. V, p. 21-22.
(2) *Antiquités de Paris*, in-12, p. 105-1608 p. 172.

le charnier d'iceluy, en une chapelle dicte de Sainct
Pierre et Sainct Paul, cet escriptz a esté recueilly :
*Ad Laudem et honorem apostolorum Petri et Pauli
per venerandum in Christo nostrum et dominum ? Dominum Guillelmum Chartier, Paris. episcopum. dedi-
cata fuit presens capella. Anno Domini 1470 die 24
august.*

Louis XI avait éprouvé un certain ressentiment
contre Guillaume Chartier, il ne lui pardonna
même pas après sa mort. Pour lui comme pour
d'autres, ce monarque rancuneux lui garda sa ven-
geance. Chartier avait eu l'audace après la bataille
de Montlhéry, d'aller trouver le Roi, lui adressant
moult belles paroles, qui toutes tendirent à la fin
que le roy conduisit de là en avant toutes ses affaires, par bon conseil (1). La disgrâce remontait
à 1465 ; l'évêque avait accepté une délégation auprès des princes révoltés.

Quelques jours après la mort de Guillaume, le
Roi écrivit au Prévôt des marchands de Paris :

« Que le dit évesque en son vivant lui avoit esté
mauvais, pour ces causes ; afin qu'il en fût mé-
moire, ordonnoit estre faict et mis sur son corps
un tableau ou épitaphe contenant les choses cy-
dessus dictes (2). »

L'épitaphe fut placée sur la tombe de l'évêque
selon la volonté du Roy, mais elle fut enlevée après
la mort de ce dernier.

Dans le fonds Gaignières (3), se retrouve l'ins-

---

(1) *Chronique scandaleuse* 1, c. p. 251 et Dufresne de Beaucourt. *Les Chartier*, p. 12
(2) *Id.* p. 294, *Ibid.* 13.
(3) Vol. CLXXXIV, p. 251.

cription qui était autour de la tombe en *cuivre jaune* et dont voici le texte, qui offre quelques variantes avec celui de Gaignières, et aussi celui donné par le *Gallia Christiana*.

Hic. Jacet. *Reverendissimus. in Chio. Pater. Dñs Guillermus. Chartier. de Baiocis. ortus utriusq. ivris. doctor. et eps. Parisiens. Per orbem famosissimus q̃. vita. verbo et exemplo. commissi. Gregis vigs. pastor. pius ad paupes. largitor. in. clo et pplo mitissimus. pacifio* PROBASTs *ano sui. pont. — ecclesiam. parisiensem spi. asp. feliciter. in pace quievit Mo IIIIo LXXIIo primo martii* (1).

Son corps reposait dans son église cathédrale, mais son cœur a été conservé dans l'église Saint-Malo de Bayeux. Au siècle dernier, une épitaphe gravée sur cuivre s'y voyait encore, scellée à l'un des piliers de cette église, et le curé Hernaut, qui écrivait en 1704, disait que l'on célébrait encore, le 7 janvier, l'obit de l'évêque Chartier dans la cathédrale de Bayeux.

Le troisième lundi de Carême, et à la même époque, l'on chantait aussi un *libera* pour le repos de son âme, à l'église de Saint-Malo.

Sa vie a été des plus mouvementées, et aussi très laborieuse pour une existence si courte ; on la retrouve dans tous ses détails dans les auteurs suivants : Jean Chartier, du Boulay, Thomas Basin, Jacques du Clerc Jean Bocquet, Hermant, et dans le *Gallia Christiana*, le *Journal de Verdun*, le

***

(1) Il y a encore une différence dans les *Registres capitulaires* (E 4.324. p. 612). Nous donnons le texte exact de l'épitaphe d'après la gravure du tombeau.

Journal de Paris, les Registres du Parlement, les Registres capitulaires, le traité d'Arras, dans Léonard, le Procès de Jeanne d'Arc, de Quicherat, la *Chronique* de Mathieu d'Escouchy, etc.

ALAIN CHARTIER

B. C'est aux Archives nationales qu'il faut puiser pour trouver quelques documents positifs, pour établir sa biographie, sur laquelle l'on n'a que très peu de documents.

Alain est universellement connu par le baiser qu'il reçut de Marguerite d'Ecosse, et voici la version originale qui a servi de texte aux divers récits qui en ont été faits (1) :

« Audit an, 24ᵉ jour de juin, M. le Dauphin Loÿs
« espousa en la ville de Tours Mᵐᵉ Marguerite, fille
« du roy d'Ecosse, qui estoit une honeste dame et
« qui fort aymoit les orateurs de la langue vulgaire,
« et entre autres maistre Alain Charretier, qui est
« le père d'éloquence françoise. Lequel, elle eust
« en fort grande estime au moïen des belles et
« bonnes œuvres qu'il avoit composées : tellement,
« qu'un jour, ainsy quelle passoit une salle ou le dit
« Mᵉ Alain s'estoyt endormy, sur un banc, comme
« il dormoit, le fût baiser devant toute la compai-
« gnée, dont celuy qui la menoit fut envieur, et luy
« dict « madame je suis esbahy comme avès baisé
« cet homme qui est si laid », car, à la vérité, il n'a-
« voit pas beau visaige. Et elle fist réponse « Je
« nay pas baisé l'homme, mais la précieuse bouche
« de laquelle sont yssues et sortis tant de bons

(1) Du Fresne de Beaucourt, *Les Chartier*, p. 19.

« mots et vertueuses parolles ». Le dict Charretier
« avait fait son quatrilagere qui est un petit œuvre
« digne de grant' recommandation. Depuis, il fict
« un œuvre plus excellent qui est le Charroy de
« Foy et d'Espérance (1). »

Nous donnons ci-dessous, les indications dans
lesquelles on retrouvera certains détails biogra-
phiques qui feront connaître plus particulièrement
le *Sénèque français.*

Cf. ms. lat. 5061.

Ms. lat. 8757, fol. 43, r°.

Aux *Archives nationales*, k. k. 50, fol 19, 48 v°,
76 v°, et suiv.

Ms. l. 8757, f. 37, et 5061, f° 46.

Ms. l. 8757, f° 15, v°, 5961, f° 52, v° et 5961, f. 55.

Ms. l. 8757, f. 47-53, r°.

Archives J. 678, n° 24, n° 25 et n° 26.

Le quadrilogue invectif, ms. Saint-Victor, 394.
Ms. Saint-Victor, 395.

A la *Bibliothèque nationale :*

Réserve L, 1, 20 k f, 36 r°.

1545, in-fol, p. 16 r°.

Ms. fr. 2665, f° 136, r° — 5330, f° 1J, r° au *Cabinet
des Titres* : Dossier Saint-Georges.

Arch. nat. LL. 344, f. 180. r° et f° 212.

F. Gaignières, 371, fol. 23.

Dans l'*Intermédiaire des Chercheurs et des Curieux*:
tom. II, col. 139, 10 mars 1865, et col., 306-307-462-
405, ibid.

Beaucoup de biographes ont fait d'Alain l'aîné
des trois Chartier, tandis qu'il est le second : du
reste, dans un acte authentique du 8 août 1455.

<hr>

(1) *Annales d'Aquitaine* J. Bouchet. Ed. de 1644, p. 252.

Guillaume est représenté comme étant le fils aîné de Jean Chartier, bourgeois de Bayeux ; quant à la date de la naissance de ses deux frères, l'on en est encore réduit aux conjectures, et ce n'est que par inductions et comparaisons que l'on a pu établir leurs naissances. Guillaume serait né, suivant toutes probabilités, vers 1392 ; Alain ne peut être né après 1395, car de 1425-1416 il composait, après la bataille d'Azincourt, son *Livre des quatre Dames*.

Il lui a été donné le titre d'archidiacre(1), Weïss(2), réfute cette erreur ; c'est avant cette réfutation que l'abbé Expilly, dans son Dictionnaire des Gaules et de la France (3), donne l'épitaphe suivante :

HIC JACET VIRTUTIBUS INSIGNIS SCIENTIA ET ELOQUENTIA CLARUS ALANUS CHARTIER EX BAJOCIS IN NORMANNIA NATUS. PARISIENSIS ARCHIDIACONUS ET CONSILIARIUS REGIO JUSSU AD IMPERATOREM MULTOS QUE REGES AMBASCIATOR SAEPIUS TRANSMISSUS QUI LIBROS VARIOS STYLO ELEGANTISSIMO COMPOSUIT ET TANDEM OBDORMIVIT IN DOMINO IN HOC AVENIONENSI CIVITATE ANNO DOMINI M. CCCCXLIX.

En effet Alain a été inhumé dans l'église des Antonins d'Avignon. « Ces religieux ont une église « qui n'est rien moins que belle, mais qui est re- « marquable à cause que le fameux Alain Chartier « y a été inhumé. »

C'est à M. de Saint-Quentin de Remerville, que l'on est redevable de la découverte de cette inscription, dit l'abbé Expilly, laquelle fait connaître le

---

(1) Chaudon et Feller. *Dict. hist.* 1818.
(1) *Biographie Universelle.*
(3) Tome 1, p. 341.

lieu et l'année de la mort d'Alain, et qui étaient restés ignorés jusqu'à présent (1).

Mais M. du Fresne de Beaucourt considère ce monument épigraphique comme apocryphe ; Alain vivait encore en 1450, ainsi que le prouve la *Ballade de Fougères* ; puis, l'épitaphe ne mentionne point ces qualités officielles, que tous les documents contemporains lui attribuent : celles de *notaire et secrétaire du Roi*.

Reste encore à savoir s'il était engagé dans les Ordres? « La qualité d'archidiacre n'a pas toujours « exigé la prêtrise, ni le diaconat ; dans certains « cas, ce n'était qu'un titre honorifique pouvant être consacré à un laïque (2). »

Dans les deux généalogies des Chartier, conservées l'une aux archives du collège de Boissy (3), et l'autre au Cabinet des titres à Paris, il est dit qu'Alain laissa un fils : *Simon Chartier, avocat au Parlement de Paris* Godefroy ajoute que les avocats célèbres et les conseillers au Parlement de Paris du nom de Chartier, appartiennent à la famille Chartier d'Orléans. Mais on a pour constant depuis deux siècles que les Chartier alliés aux Montholon, aux Molé, aux de Mesmes, étaient de la famille d'Alain Chartier. Ce fait est du reste prouvé par la *Généalogie* du chanoine Hubert, que nous avons donnée dans toute sa teneur.

Il était chancelier de Bayeux en 1428, et il figure avec ce titre dans les négociations du mariage du Dauphin avec Marguerite d'Ecosse. Pour être

(1) Du Fresne de Beaucourt. *loc. cit.*, p. 32.
(2) *Mémoires de M. Pezet*, p. 249. note.
(3) M. 92. Collège de Boissy.

chancelier et gardien du sceau, dit M. du Fresne de Beaumont, il devait être sans doute *chanoine*, mais était-il prêtre ? On peut en douter : au XIII⁰ siècle il n'y avait à Bayeux qu'un seul *chanoine-prêtre* (1). Ce qui est certain, c'est qu'il était *clerc*, et n'était point marié : du reste, il est très précis dans le quatrain suivant, qui se trouve à la suite du *Débat des deux fortunes d'amour* :

> « C'est livret vous dicter et faire escripre,
> « Pour passer temps sans courage vilain,
> « *Ung simple clerc*, que l'on appelle Alain,
> « *Qui parle ainsy d'amour pour oyr dire* (2).

Jean Chartier

G. Les témoignages ne sont guère plus probants pour ce dernier que pour les précédents, et ce que l'on sait de lui vient de ce qu'il apprend lui-même de sa personne en sa chronique ; de plus, en examinant de près cette chronique, il mentionne les Chartier d'une manière si indifférente, que l'on a de la peine à y reconnaître la plume d'un frère. Enfin, on serait même tenté de croire que Jean Chartier n'était point du tout le frère de Guillaume et d'Alain ; à ce sujet, M. du Fresne de Beaucourt cite un texte original : Lettres patentes de Louis XI, dont nous extrayons le passage suivant : *Et aussy pour ce que feuz nos amez et serviteurs maistres Alain Chartier et Thomas Chartier frères, notaires et secrétaires de nostre dict feu seigneur et père, eulx et nostre amé et féal conseiller l'Evesque de Paris qui à présent*

---

(1) *Hist du dioc. de Bayeux*, A. Laffetay, tome I, p. 50.
(2) Ed. du Chesne. p. 581.

est demourant en nostre service, lesquelz estoient nep-
veux du dict feu Guillaume Boutin, père du dict sup-
pliant.

Ce serait donc un nouveau Chartier, frère de
l'Évêque de Paris et d'Alain, et qui remplacerait le
moine chroniqueur de Saint-Denis. D'après ce document, les trois frères seraient Guillaume, Alain
et Thomas. Il est bien probable qu'une sœur de
Guillaume Boutin aura dû épouser Jean Chartier,
le bourgeois de Bayeux ; ce ne sera donc que de
nouveaux documents qui pourront établir définiti-
vement la parenté, s'il y en a, entre Guillaume, Alain
et Jean, tandis que les présomptions sont en faveur de Guillaume et Alain, ayant pour frère
Thomas Chartier.

FONDATION

La Société académique de Bayeux a fait placer
une table de marbre noir sur une maison de cette
ville, formant l'angle de la rue Saint-Malo, et du
Goulet, et portant l'inscription suivante :

*Ici naquirent, dans le XIVe siècle, Alain Chartier,
poète, orateur, historien, et ses deux frères, Jean, historiographe de Charles VII, Guillaume, évêque de
Paris.*

Jean a joué un grand rôle au XVe siècle. C'était
assurément un important personnage de son temps.
Moine et chantre à l'abbaye de Saint-Denis, il devint en même temps l'historiographe de Charles VII ;
on lui doit les *Grandes Chroniques de Saint-Denis*,
réimprimées dans la collection des *Historiens de
France*, par D. Bouquet.

De 1431 à 1435 il était procureur de l'abbaye, avec

la charge de poursuivre tous les cas litigieux qui pouvaient se présenter. Il était également l'administrateur de ses biens. On le trouve en 1435, pourvu de l'une des plus grandes charges, celle de commandeur de l'abbaye.

Il recevait 200 livres parisis de gages annuellement pour ses fonctions d'historiographe de France, pour lesquelles il prêta serment, le 18 novembre 1437.

C'est vers ce temps, qu'il reçut le titre de chapelain du Roi (1)

Il figure comme prévôt de Mareuil en 1440, et était seigneur temporel du port de Neuilly.

En 1450, il était au siège de Honfleur et accompagna le roi Charles VII durant la campagne de Normandie.

Les *Grandes Chroniques de Saint-Denis* parurent après sa mort, dont la date reste inconnue. C'est le 16 janvier 1477, qu'il acheva ce grand travail, bien que le nécrologe de Saint-Denis indique qu'il mourut en son abbaye le 14 décembre 1461 ou 1463, dates qui sont erronées.

LE COLLÈGE DE BOISSY

III. — Ce fameux collège fut l'objet de la sollicitude des Chartier, ils se plurent à le doter et à l'embellir. Nous trouvons dans Bonfons le document suivant (2).

« Le 21 décembre 1356, maistre Estienne de Boissy bailla aux religieux abbez des couvents de

(1) Vallet de Viriville. *Bullet. Soc. Hist. de Fr.*, 1857-58, p. 214.

(2) Aut. de Paris, 1608, p. 172.

Sainct-Germain-des-Prez à Paris, la somme de
cinq cens florins et six pour ériger en collège les
maisons que lui et son deffunct oncle Godefroy
de Boissy-le-Sec, avoient acquis en la rue des Poic-
tevins, derrière l'église de Sainct-André-des-Arcs.
Réservé aux dicts de Sainct-Germain toute justice
et 15 l. 6 d. parisis de cens et rentes payables par
chacun an. A quoy depuis pour certains arrérages
le principal, procureurs et bourciers ont esté con-
damnez avec despens par sentence du Prévost de
Paris le 8e jour de mars 1339. Et quant aux susdicts
fondateurs, oncle et nepveu qui sont surnômez de
Boissy à cause de leur seigneurie, toutefois leur
vray surnom estoit Chartier, isseus de la noble lignée des Chartier d'Orléans, et pour ce en ceste
fondacion ils ont ordonné que cy après le principal soit isseu le plus pauvre de la lignée.

« Dans icelle chapelle auprès de la porte,
ces vers sont escris en lettres d'or sur marbre noir :

« Sacrorum canonum doctor clarusq̃ sacerdos
« Nomen cui a Chartis forsitan a quadriga,
« Octogenta annos, medico sine, plus minus egit,
« Integer auditu, dentibus atque oculis,
« Omnia aut nil jurans, semper abstemius. Ergo,
« Cœlum animam cineres urna nepotis habent.
« Ædibus his præses fundatum è stirpe sacellum hoc
« Struxerat ære suo, et plura daturus obiit. »

Michel Chartier, principal du collège en 1519,
rétablit tous les bâtiments, et les augmenta d'une
chapelle, qui fut dédiée à la sainte Vierge, et placée
sous l'invocation de saint Michel et de saint Jé-
rôme (1).

(1) Piganiol de la Force. Description de Paris, 1742,
tome VI, p. 109.

www.ingramcontent.com/pod-product-compliance
Lightning Source LLC
Chambersburg PA
CBHW070953280326
41934CB00009B/2062